CATALOGUE

DE

DESSINS ANCIENS

PRINCIPALEMENT

DE L'ÉCOLE FRANÇAISE

Du XVIIIᵉ siècle

DONT LA VENTE AUX ENCHÈRES PUBLIQUES AURA LIEU

HOTEL DES COMMISSAIRES-PRISEURS

RUE DROUOT, 5, Salle Nᵒ 4

Le Samedi 25 novembre 1876, à 2 heures.

Par le ministère de Mᵉ **DELESTRE**, Commissaire-Priseur,
Successeur de Mᵉ DELBERGUE-CORMONT
23, rue Drouot.

Assisté de **M. CLÉMENT**, Marchand d'Estampes de la Bibliothèque Nationale,
3, rue des Saints-Pères.

Exposition publique avant la vente,
DE UNE HEURE A DEUX HEURES.

PARIS — 1876

PARIS. — TYPOGRAPHIE PILLET ET DUMOULIN

5, RUE DES GRANDS-AUGUSTINS

CATALOGUE

DE

DESSINS ANCIENS

PRINCIPALEMENT

DE L'ÉCOLE FRANÇAISE

Du XVIIIᵉ siècle

DONT LA VENTE AUX ENCHÈRES PUBLIQUES AURA LIEU

HOTEL DES COMMISSAIRES-PRISEURS

RUE DROUOT, 5, Salle Nᵒ 4

Le Samedi 25 novembre 1876, à 2 heures.

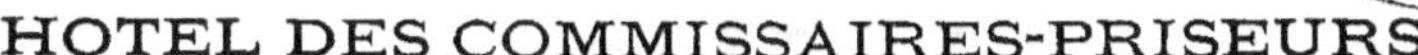

Par le ministère de Mᵉ **DELESTRE**, Commissaire-Priseur,
Successeur de Mᵉ DELBERQUE-CORMONT
23, rue Drouot.

Assisté de **M. CLÉMENT**, Marchand d'Estampes de la Bibliothèque Nationale,
3, rue des Saints-Pères.

Exposition publique avant la vente,

DE UNE HEURE A DEUX HEURES.

PARIS — 1876

CONDITIONS DE LA VENTE.

La vente sera faite au comptant.

Les acquéreurs payeront cinq pour cent en sus des enchères.

L'Expert chargé de la vente se réserve la faculté de rassembler ou de diviser les lots.

Les attributions de l'amateur ont été conservées.

Paris. — Typ. PILLET et DUMOULIN, 5, rue des Grands-Augustins.

DÉSIGNATION

DES

DESSINS

ANONYME.

1. Paysage. Gouache.

2. Portrait d'homme. Aux trois crayons.

FRA BARTHOLOMÉO.

3. Sujet religieux. Au bistre, rehaussé de blanc.

BERAIN (J.).

4. Motifs d'arabesques pour tapisseries. Deux dessins à la plume, dans un cadre sculpté.

BERNARD.

5. Allégorie. Plume et sépia.

6. Chemin de la croix. Esquisse grisaille.

BIBIENA.

7. Dessin d'architecture. A la plume et lavis.

BOILLY.

8. Scène de famille. Aux trois crayons.

BOUCHARDON.

9. Allégorie. Aux trois crayons.

BOUCHER (F.).

10. Scène champêtre. A la plume, rehaussé de sépia.

11. Jeune femme donnant des fleurs à des enfants. A la plume et sépia.

12. Groupe d'enfants. Crayon noir et sanguine. Deux dessins.

BRAUWER (A.).

13. Buveur. Au crayon noir.

BREUGHEL et BRILL (P.).

14. Halte de cavaliers. Trois dessins à la plume.

CARRACHE.

15. Sujet religieux. Lavis à la sépia, rehaussé de blanc. Collection Mariette.

CASANOVA.

16. Cavaliers. A la sepia. Collection Mariette.

CLERMONT.

17. Bacchanale et amours jouant. Deux pendants. Camaïeu rouge. Signé.

COCHIN.

18. Allégorie sur la guerre. Au crayon noir et encre de Chine

CORNEILLE (MICHEL.)

19. Tête de Christ. Au crayon rouge, rehaussé de blanc.

CORTONE (P. de).

20. Étude. A la plume et au crayon.

ÉCOLE FLAMANDE.

21. Le Christ en croix. A la plume.

DAIGNAN.

22. Ornements. Plume et sépia.

DENNER.

23. Tête de femme. Au crayon noir.

24. Buste de femme. A la plume et sépia.

DROLLING.

25. La demande en mariage. Au crayon noir.

26. La bénédiction. Au crayon noir.

VAN DYCK. (ANT.)

27. Portrait d'homme. A la sépia.

ÉCOLE ITALIENNE.

28. Sujet de sainteté. Dessin à la plume. Encadré.

ÉCOLE ALLEMANDE (xvᵉ siècle).

29. Sujet religieux. A la plume.

30. Sujet historique. Dessin à l'encre de Chine. Encadré.

ÉCOLE FRANÇAISE

31. Portrait d'un jeune roi assis. A la plume. Encadré.

32. Sainte famille. A la gouache. Encadré.

33. Projet de porte. Aquarelle et plume, dans un cadre en bois sculpté.

34. Portrait d'homme, costume Henri IV. Au crayon noir, dans un cadre d'ébène.

ÉCOLE FRANÇAISE.

35. Groupes d'enfants, deux petits pendants à l'encre de Chine, dans un cadre sculpté.

36. Ornements. Deux dessins à la plume et sépia, dans un cadre sculpté.

37. Promenade dans un jardin public, plusieurs figures. Aquarelle.

38. Motif pour étoffe. Aquarelle et plume.

ÉCOLE FRANÇAISE.

39. Plafond. A l'aquarelle et plume.

40. Ornements, frises, feuille de plain-chant. A la gouache, sépia et plume. Neuf dessins.

EISEN (Ch.).

41. Vignette. A la plume et encre de Chine.

42. Vignette. Au crayon noir.

FRAGONARD (H.).

43. Ruines. A la sanguine.

44. Intérieur de cour. Sepia

GELLÉE (Cl.), dit le Lorrain.

45. Paysage. A la sépia.

GÉRARD (le baron).

46. Études pour son tableau du sacre de Napoléon, sujets mythologiques. Onze dessins avec monogrammes. Au crayon noir rehaussé.

GÉRICAULT.

47. Femme assise. A la plume et encre de Chine.

GOLTZIUS (H.).

48. Tête d'homme. Lavis encre de Chine. Collection Mariette.

GOYA (F.).

49. L'amour. A l'encre de Chine.

GRANET, BERTAUX, CHARDIN et PILLEMENT.

50. Portraits et sujets. Quatre dessins à la plume et sépia.

GREUZE (J.-B.).

51. Tête de jeune fille. A la sanguine.

LE GUIDE, PASSIGNANO et ÉCOLE ITALIENNE.

52. Sujets divers. Quatre dessins à la plume et sépia.

HEMSKERCK.

53. École d'enfants. A la sanguine.

HOLBEIN.

54. Portrait d'un personnage inconnu. Dessin à la sanguine, portant une dédicace allemande et la date de 1542. Collection Mariette.

HUBERT-ROBERT.

55. Intérieur. A la sanguine.

56. Turcs. Deux dessins à la sanguine.

HUBERT-ROBERT, LEBARBIER.

57. Paysages et allégorie, etc. Quatre dessins à la sanguine, crayon noir et sépia.

HUET (J.-B.).

58. Attributs de chasse. Dessin à la plume et au bistre. Signé. 1772.

59. Renard tuant un coq. A la sanguine. Signé. 1772.

HUET, GRAVELOT, St-AUBIN, LEPRINCE

60. Sujets divers dont une peinture de Huet. Douze dessins.

JEAUROT.

61. Son portrait. A la plume et aquarelle.

JORDAENS (J.).

62. Musiciens. Dessin aux trois crayons.

JOUVENET (J.).

63. Sujet religieux. A la plume et encre de Chine.

KONING, BACKUYSEN, BERGHEM, etc.

64. Marine, animaux, paysages, études. Huit dessins sanguine et sépia.

LALLEMAND.

65. Buveur. Aquarelle.

LARGILLIÈRE.

66. Réunion de portraits. Crayon noir rehaussé de blanc.

DE LARUE.

67. Faunes et faunesses. Deux dessins à la plume et encre de Chine.

68. Satyre. A la plume et sépia.

LAWRENCE (Sir Th.).

69. Portrait de jeune femme. Aux trois crayons.

LECLERC (Sébastien).

70. Sujet historique. A la plume et encre de Chine.

LE PRINCE.

71. Groupe chinois. Dessin au crayon noir.

LEPRINCE.

72. Paysage avec figures. Gouache.

73. Costumes de femmes. Deux dessins à l'aquarelle.

74. Persane. Aquarelle.

LOUTHERBOURG.

75. Paysage. A l'encre de Chine.

MARILLIER.

76. Cartouche pour entourage d'un portrait. Dessin à l'encre
de Chine.

VAN DER MEULEN.

77. Cavalier. Au crayon noir.

MOLYN (P. de).

78. Paysage. Aux trois crayons.

MOREAU le Jeune (1772).

79. Sujet champêtre. A la plume et sépia.

80. Chasse. A la sépia.

81. Trois portraits de la famille Papillon, de la Ferté. Deux
dessins et une gravure.

MOREAU, COCHIN, BONINGTON, VAN SPANDONCK.

82. Quatorze dessins et aquarelles, dont un portrait de Marie-
Antoinette. Cadre sculpté.

MOREAU, LEPRINCE, COCHIN, QUEVERDO.

83. Vignettes, culs-de-lampe, etc. Quatorze dessins à la sépia
et encre de Chine. Cadre en bois sculpté.

· NATOIRE.

84. Tête de femme. Aux trois crayons. Collection Mariette.

OSTADE, BRAUWEE et J. STEEN.

85. Quatre études. Crayon noir, réhaussé d'encre de Chine.

OTTO VENIUS.

86. Sujet religieux. A la plume et sépia.

OUDRY (J.-B.).

87. Paysage. Au crayon noir, rehaussé de blanc.

88. Vues de châteaux et parcs. Deux dessins au crayon noir, rehaussé.

PATER.

89. Sujets champêtres. Aquarelle et sépia. Deux pendants.

B. PICART (1725).

90. Titre pour livre. A l'encre et à la plume. Cadre bois sculpté.

PERINO DEL VOGO.

91. Motif pour plafond. Sépia rehaussé de blanc.

92. Plafond. Dessin à la plume et à l'encre.

B. PICART, DESRAIS, LEPRINCE.

93. Titre de livre, sujets divers. Trois dessins à la plume et aquarelle.

PRUD'HON (P.-P.).

94. Étude de femme. Au crayon noir.

REMBRANDT.

95. Sujet biblique. Dessin à la plume et sépia. Collection Mariette.

96. Tête d'homme. A la sépia.

ANONYME.

97. La diligence versée. A la plume et sépia.

SAINT-AUBIN (G. de).

98. Le comte d'Artois et sa famille. Étude peinte, portant les initiales du maître.

99. Vignette pour les Métamorphoses d'Ovide. Mine de plomb. Signée.

100. Sujet galant. Costume Louis XV. Au crayon noir.

SAINT-AUBIN (Aug.).

101. Scène de danse villageoise. Dessin à la plume et à l'encre.

SANTERRE.

102. Cinq têtes. Crayon rouge.

ARY SCHEFFER.

103. Sujet historique. Aux crayons de diverses couleurs.

TIEPOLO.

104. Faunes et centaure. A la sépia.

105. Faunes. A la plume et sépia.

TINTORET (J. Robusti, dit le).

106. Étude. Lavis à la sépia.

TORO.

106 *bis*. Motif d'ornement. A la plume, lavé.

TRINQUESSE, FRAGONARD, RESTOUT, ROSLIN

107. Portrait et sujets divers. Quatre dessins à la sanguine et aquarelle.

JEAN D'UDINE.

108. Projet de plafond. Dessin à la plume.

VELASQUEZ.

109. Femme assise. Dessin aux trois crayons.

110. Deux portraits d'hommes. Au crayon.

VAN DE VELDE (A.).

111. Moutons. Dessin au crayon noir, rehaussé. Collection. Mariette.

VERNET (Joseph).

112. Place de village. Aquarelle.

113. Marine. A l'encre de Chine.

WATTEAU (A.).

114. Paysage. A la sanguine.

115. Paysage. Au crayon noir.

DE WITT

116. Pomone. Sujet mythologique. Dessin à l'encre de Chine, rehaussé de blanc.

WILLE (J.-G.).

117. Voyageur assis. A la sanguine.

ZUCCHERO (F.).

118. Portraits de jeunes femmes, costumes du xvi° siècle. Deux dessins aux trois crayons, dans un cadre sculpté.

ÉCOLE FRANÇAISE.

119. Quarante-huit dessins. Sujets divers, à vendre en deux lots.

120. Un lot de gravures et dessins.